SCM

Stiftung Christliche Medien

© 2011 SCM Collection im SCM-Verlag GmbH & Co. KG
Bodenborn 43 · 58452 Witten
Internet: www.scm-collection.de; E-Mail: info@scm-collection.de

Gesamtgestaltung: Miriam Gamper · www.dko-design.de · Essen
Bilder: © Shutterstock
Druck und Bindung: dimograf, Polen

ISBN 978-3-7893-9478-2
Bestell-Nr. 629.478

Cornelia Mack / Katharina Drechsler

Momente,
die nur dir gehören

Kleine Auszeiten zum Auftanken

SCM Collection

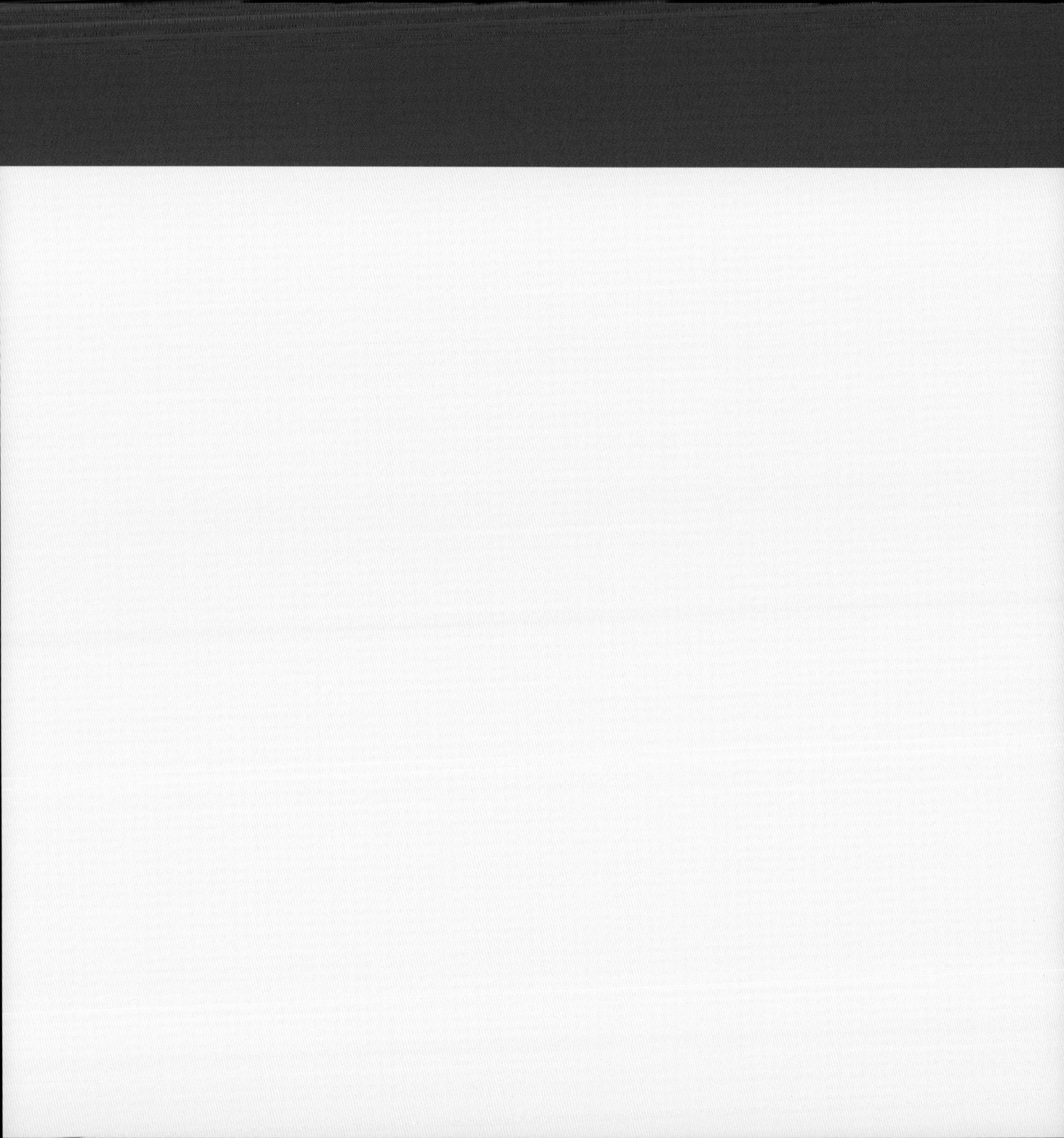

Inhalt

Die ersten Vorschläge brauchen wenig Zeit.
Je weiter du im Buch nach hinten blätterst,
desto mehr Zeit musst du einplanen für eine
besondere Auszeit.

Vorwort

Momente, die nur dir gehören

Jeder Mensch braucht Zeiten für sich. Ohne solche Oasen wäre der seelische Tank bald leer. So wie ein Auto Benzin zum Fahren und ein Mensch Nahrung zum Leben braucht, so braucht auch die Seele Zeiten des Auftankens.

Ohne Phasen des Ausspannens und Ruhens fühlen sich Menschen wie im Hamsterrad. Ohne die Möglichkeit zum Rückzug gehen die Ideen aus, ohne Konzentration fehlen uns die Motivation und die Energie für neue Aufgaben, ohne Besinnung werden wir besinnungslos.

So wie jeder Mensch ein Individuum ist, etwas ganz Besonderes, so ist das, was wir als Auszeit, als Oase erleben, individuell und besonders.

Manche Menschen erleben besondere Momente im Tun, in der Aktivität, wie z.B. beim Tanzen, Wandern, Radfahren, bei anderen ist es die Stille, der Rückzug, das Nichtstun.

Manche Menschen tun sich etwas Gutes, indem sie sich in das Bad in der Menge begeben und sich in der Fülle der Begegnungen selbst vergessen, andere brauchen die Distanz, erholen sich erst, wenn sie nicht reden und nichts hören, nichts leisten und präsentieren müssen.

Es kann sein, dass du manche der Ideen in diesem Buch als für dich passend und hilfreich empfindest, mit anderen Vorschlägen aber gar nichts anfangen kannst. Das ist ein Zeichen deiner Individualität und Besonderheit. Vielleicht geschieht es auch, dass du durch die Anregungen in diesem Buch selbst auf eigene und ganz neue Ideen kommst, was für dich besondere Momente im Alltag sein könnten.

Wir haben dieses Buch miteinander geschrieben – als Mutter und Tochter. Und auch wir beide sind sehr verschieden. Was wir als erholsam erleben, gestaltet sich für jede anders. Darum sind auch die in diesem Buch beschriebenen Momente von unterschiedlichem Charakter.

Von Herzen wünschen wir dir Momente, die nur dir gehören. Dadurch gewinnt der Alltag Rhythmus: Zeiten des Tuns und Zeiten des Besinnens.

Katharina Drechsler und Cornelia Mack

Achte gut
auf den einzelnen
Moment.

Denn was vergangen ist, soll zur kostbaren Erinnerung werden.
Was kommt, weißt du noch nicht.

Das Heute jedoch – dankbar gelebt –
macht das Vergangene zu einem kostbaren Schatz der Erinnerung
und das Kommende voller Hoffnung und Zuversicht.

Darum – achte gut auf den einzelnen Moment.

2. In den Spiegel schauen

Jeden Tag schaust du in den Spiegel.
Morgens nach dem Aufstehen, abends vor dem Schlafengehen,
dazwischen auch des Öfteren. Wie geht es dir dabei?
Gefällt dir, was du siehst? Magst du bestimmte Körperteile an dir?
Oder störst du dich an deinem Aussehen?

Vielleicht hilft dir der Gedanke, dass du dich nicht so siehst, wie andere dich wahrnehmen. Das, was du siehst, ist spiegelverkehrt und dazu noch subjektiv verzerrt. Außerdem haben wir im Spiegel zwei „Ansichten". Schauen wir unser rechtes Profilbild an, so unterscheidet sich dieses deutlich vom linken.

Wenn es dir gut geht, schaust du dich freundlicher an, als wenn du dich gerade geärgert hast. Wenn du um deinen Wert weißt, findest du dich schöner.

Und was vielleicht noch viel wichtiger ist:
Gott sieht mehr als das Äußere.
Er sieht das Herz an.
Er sieht dein Innerstes.
Dort möchte er dich mit seiner Liebe erreichen.

In einer jungen Gemeinde hing auf der Damentoilette eine aus Papier gebastelte Krone am Spiegel. Darauf war zu lesen: „Do you see a princess?" Und in der unteren Ecke des Spiegels stand mit Lippenstift die Antwort geschrieben: „GOD DOES!"

Was siehst du also im Spiegel?
Einen von Gott geliebten Menschen.

Wenn du mit diesem Gedanken einmal oder mehrmals am Tag vor dem Spiegel stehst und Gott für seine Liebe zu dir dankst, dann sind das besonders kostbare Momente im Alltag. Du machst dir neu bewusst, dass du ein Mensch mit Wert und Würde bist.

3. Einatmen und Ausatmen

Jeden Tag atmen wir – ein und aus – ein und aus.
Am Tag ungefähr 23 000 mal. Oder zwischen 10- und 20- mal pro Minute.
Dabei verbrauchen wir um die 12 000 Liter Luft täglich.
Ob wir stehen, sitzen, liegen oder gehen, bei allen Tätigkeiten läuft die Atmung
unbewusst und ganz selbstverständlich ab.
Unser Atemzentrum im Gehirn sorgt dafür, dass wir automatisch regelmäßig Luft holen.
Deswegen erschließen sich dir ganz neue Erfahrungen,
wenn du anfängst, bewusst zu atmen.

Achte auf das Fließen deines Atems.
Versuche tief einzuatmen und langsam auszuatmen.
Lege deine Hand auf den Bauch und
lasse den Atem im Bauch ankommen.
Achte auf die einzelnen Schritte:
einatmen – innehalten – ausatmen.

Durch die Beachtung des Atmens wird unser Bewusstsein nach innen gelenkt. In den Klöstern ist dies eine hilfreiche Übung, um in die Stille des Gebetes oder in die Meditation zu finden.

Beim Einatmen kann gebetet werden:
Herr Jesus Christus, ...
oder: Vater im Himmel, ...
oder: Geist des lebendigen Gottes, ...

Beim Ausatmen:
 ... erbarme dich meiner.
oder:
... ich danke dir.
... ich lobe dich.
... ich preise dich.

Dieses Atemgebet – auch Herzensgebet genannt – kann zu einer der wichtigsten Oasen im Alltag werden. Es ist immer und überall verfügbar und möglich. In jeder Situation des Lebens kannst du so zur Ruhe finden.

Und was vielleicht das Wichtigste ist:
Du kommst mit Gott ins Gespräch.
Du richtest dich neu aus auf Gott Vater, Sohn und Heiligen Geist.

> „Wende dein Gesicht
> der Sonne zu,
> dann fallen
> die Schatten hinter dich.“

Sprichwort aus Uganda

ᘓ

Rein körperlich gesehen tut es uns tatsächlich gut, unser Gesicht in die Sonne zu halten. Der menschliche Körper reagiert auf das ultraviolette Sonnenlicht u.a. mit der Senkung des Blutdrucks und des Blutzucker- und Cholesterinspiegels und einem besseren Sauerstofftransport im Blut. Sonnenlicht hat auch eine stimmungsaufhellende Wirkung. Besonders im Winter ist es daher wichtig, dass wir regelmäßig an die frische Luft gehen.

Das Zitat aus Uganda enthält auch eine sehr wichtige Erkenntnis aus der Glücksforschung: Konzentriere dich auf das Schöne, Helle, Positive in deinem Leben, dann lässt du die Dunkelheit hinter dir. In der Bibel sagt Jesus von sich selbst, dass er das Licht der Welt ist. Wo er ist, ist keine Dunkelheit, nichts Böses oder Schlechtes.

Suche dir einen schönen Platz aus, am besten im Freien, an dem du viel Sonnenlicht aufnehmen kannst. Schließe die Augen und halte dein Gesicht für eine Minute in die Sonne. Spüre und genieße die Wärme, das Licht, das durch die geschlossenen Augenlider in dein Innerstes scheint. Erlebe die Wärme der Sonnenstrahlen. Sie können zum Sinnbild für die Liebe Gottes werden.

„Gottes Liebe ist wie die Sonne“ – so heißt es in einem Lied. Und an anderer Stelle: „Die Gott lieben werden sein wie die Sonne.“ Wer sich der Liebe Gottes öffnet, der wird das Licht der Liebe Gottes widerspiegeln und weitertragen. Beides, Empfangen und Weitergeben, sind kostbare Momente im Leben.

5. Dankbarkeit lernen

Bist du ein dankbarer Mensch?
Oder sammelst du lieber die Minuspunkte des Alltags?

Auf was richtest du dein Augenmerk?
Auf die schönen Farben des Lebens oder auf das Grau in Grau?
Auf die freundlichen Blicke oder die kritischen?
Auf gute Worte oder auf achtlos Dahingesagtes?

„Dankbarkeit ist die Wachsamkeit der Seele gegen die Kräfte der Zerstörung.“

So sagte es Gabriel Marcel.

Jeder Mensch trägt in seinem Herzen Bilder aus der Vergangenheit, Erinnerungen, frohe Ereignisse, Momente, die schön waren. In diesen inneren Schatz kannst du jederzeit eintauchen, um deinem Leben mehr Freude und Kraft zu geben. Kehre zu einem Moment zurück, in dem du dich tief geliebt wusstest. In welchen Worten, Blicken, Gesten drückte sich diese Liebe aus? Verweile bei diesem Moment.

Kehre zu einem Moment zurück, in dem du Freude empfunden hast.
Wie kam diese Freude zustande? Durch eine gute Nachricht oder die Erfüllung eines Wunsches, durch eine gelungene Aufgabe, den Anblick der Natur oder durch eine Herausforderung, der du dich gestellt hast?

Wenn du dich in der Dankbarkeit übst, errichtest du einen Schutzwall um deine Seele vor den Kräften der Zerstörung wie Neid, Selbsthass, Unzufriedenheit. Dann fällt es dir auch leichter, den vergangenen Tag oder die vergangene Woche unter dem Vorzeichen der Dankbarkeit zu sehen. Und du entdeckst auch in den gegenwärtigen Momenten immer mehr Anlässe zum Danken.

Gott kennt seine Menschen sehr genau, deswegen erinnert er uns immer wieder daran, das Danken nicht zu vergessen: „Lobe den Herrn, meine Seele, und vergiss nicht, was er dir Gutes getan hat" (Psalm 103,2).

Denn Danken tut der Seele gut.

„Nicht die Glücklichen
sind dankbar,
es sind die Dankbaren,
die glücklich sind.“

Francis Bacon

7. Freundlich sein

Zu jemandem freundlich zu sein, fördert das Beste in ihm zu Tage. Hast du es schon einmal erlebt, wie jemand durch ein Lob, ein Kompliment oder ein ermutigendes Wort von innen heraus zu strahlen begann?

Gott denkt gute Gedanken über dich. Gedanken der Liebe und des Friedens. Er segnet dich in jedem Moment deines Lebens. Und er möchte, dass du dich davon erfüllen lässt und diese Gedanken gern an andere weitergibst.

Hast du heute schon jemandem etwas gesagt, was diese Person gefreut hat? Probiere es aus. Nimm dir einen Augenblick Zeit und denke ganz konkret darüber nach, was dir spontan Positives zu einem deiner Mitmenschen einfällt.

Rufe diese Person an – oder gehe vorbei – und dann sprich aus, was dich an dieser Person freut oder was du dieser Person Gutes wünschst.

Übe diese Form der Ermutigung immer wieder ganz bewusst ein, und du wirst merken, wie dadurch nicht nur das Leben deiner Mitmenschen bereichert wird, sondern auch dein eigenes Leben.

Auch in Gedanken kannst du Menschen Gutes „sagen“. Du kannst die unfreundliche Kassiererin im Supermarkt gedanklich segnen, dem Obdachlosen am Straßenrand in Gedanken ein „Gott schütze dich“ sagen, der gestressten Kollegin ein freundliches Lächeln schenken.

Wenn wir freundlich zu anderen sind,
wirkt das auch positiv auf uns selbst.

8. Musik ist Tanzen für die Seele

Musik ist Tanzen für die Seele. Musik kann aufbauen, aufwecken,
kann trösten, kann zum Tanzen und Mitsingen animieren.

❦

Wissenschaftler haben herausgefunden, dass der tägliche Genuss von 30 Minuten klassischer Musik sich positiv auf den menschlichen Organismus auswirkt. Musik beflügelt, entspannt, inspiriert.

Nimm dir doch mal wieder eine „musikalische Auszeit". Lege deine Lieblings-CD auf, drehe die Lautstärke auf dein persönliches Maximum, und dann lasse dich einfach von der Musik treiben. Wohin führt deine Reise? Willst du tanzen, singen, klatschen? Bringt die Musik dich zum Nachdenken, vielleicht sogar zum Weinen? Tu, wonach dir beim Hören „deiner" Musik zumute ist.

Finde deinen eigenen Rhythmus, deinen persönlichen Tanzstil, entdecke, wie die Musik dich bewegt und lebendig macht. Spüre dem Takt der Musik nach und singe mit, wenn dir danach ist.
Vielleicht hast du ein ganz spezielles Lieblingslied. Dann habe den Mut, das Lied auch mal in anderen Interpretationen zu hören. Gehe auf Spurensuche, wie andere Künstler ihre Leidenschaft in „dein" Lied hineingelegt haben.

Vielleicht weckt das Hören der Musik in dir den Wunsch danach, selbst zu singen. Tu es! Ob du unter der Dusche singst, vor dem Spiegel, alleine oder im Chor, spielt keine Rolle. Singen ist eine wunderbare Gelegenheit, seinen Gefühlen Ausdruck zu verleihen. Inzwischen weiß man sogar, dass Singen das Immunsystem stärkt.

❦

Danke Gott in einem Lied. Lobe ihn für das,
was er in deinem Leben getan hat, tut und noch tun wird.

9. Tagebuch schreiben

Tagebuch schreiben, das hat fast jeder schon einmal gemacht. Den einen geht das Schreiben über Persönliches, über Erlebtes, über eigene Empfindungen und Gedanken ganz leicht von der Hand. Andere tun sich eher schwer damit. Und wieder andere können mit dem Tagebuchschreiben gar nichts anfangen.

Zu welcher Gruppe du auch gehörst, fühle dich ermutigt, dich dem Schreiben (erneut) zuzuwenden!

Besonders schön ist es, wenn du dir hierzu ein besonderes Buch zur Hand nimmst, in das du deine Aufzeichnungen eintragen kannst. Vielleicht ein Buch mit einem besonders hübschen Einband, den du sogar selbst gestaltet hast? Oder ein Buch, in dem auf einigen Seiten besondere Zitate oder Bibelverse stehen. Doch auch ein einfaches Heft genügt für den Anfang.

Nimm dir einige Minuten Zeit und schreibe einfach alles auf, was dir momentan durch den Kopf geht. Betrachte das Schreiben nicht als tägliche „Pflichtübung". Erlebe das Schreiben über Persönliches lieber als schöne Beschäftigung mit dir selbst und den eigenen inneren Vorgängen.

Berichte in deinem persönlichen Tagebuch von deinen Gedanken und Gefühlen, die du gerade hast. Dabei ist ganz wichtig, dass du dir keine Gedanken verbietest. Alles darf in deinem Buch Raum bekommen.

Schreibe auch Gebete in dein Tagebuch. Diese werden deinen persönlichen Aufzeichnungen die besondere Tiefe geben und eine Hilfe sein, dein Herz immer wieder auf Gott auszurichten.

Wenn du zu deinen aufgeschriebenen Erlebnissen zusätzlich etwas dazumalen oder -kleben möchtest, scheue dich nicht, das zu tun! Es wird deinem Buch die persönliche Note verleihen, durch die du es später auch noch gerne zur Hand nimmst. Bald wirst du merken, wie das Schreiben eine reinigende Wirkung auf dich und dein Innerstes hat.

Richte in deinem Tagebuch eine „Gebetsecke" ein, in die du all das schreibst, wofür du Gott danken und worum du ihn bitten willst. Sieh dein Tagebuch als Hilfe an, deine täglichen Segnungen zu zählen. Öffne deine Augen bewusst für all das Gute und Schöne, das Gott jeden Tag in dein Leben hineinspricht, und wie sehr er dich jeden Tag neu beschenkt.

Wenn du das Buch später zur Hand nimmst und
darin blätterst oder liest, wirst du auch im Rückblick
erkennen, wie Gott durch Licht und Dunkel in dein
Leben hineingesprochen und dich oft getröstet und
gehalten hat.

Und dann muss man ja auch noch
Zeit haben, einfach dazusitzen
und vor sich hin zu schauen.

Astrid Lindgren

10. Schauen

Einfach nur mal schauen.
Die Hände und Füße ruhen lassen,
die Gedanken wandern lassen
entlang an dem, woran das Auge hängen bleibt.
Was passiert dann?
Vielleicht gehört dies schon lange zu deinen täglichen
Ritualen.
Vielleicht aber hast du dir dafür schon lange keine
Zeit mehr genommen, in der Hektik des Alltags nicht
mehr richtig hingeschaut.

Was passiert beim genauen Hinschauen?
Du wirst staunen über die kleinen Wunder
in der Natur, die Zeichnung eines Fliegenflügels
oder die Farben eines Schmetterlings.
Du wirst lachen über die Form mancher Blüten
oder das Gesicht eines Fisches.
Du wirst ehrfürchtig den Nachthimmel mit Millionen
von Sternen bewundern und dankbar werden, dass
Gott auch an uns kleine Menschen denkt.
Vielleicht entdeckst du neu, wie der Wind mit Licht
und Schatten Bilder malt.
Und möglicherweise siehst du auch neu den
liebevollen, fragenden oder sorgenvollen Blick
eines geliebten Menschen.

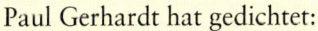

Paul Gerhardt hat gedichtet:
„Mein Auge schauet, was Gott gebauet zu seinen Ehren
und uns zu lehren wie sein Vermögen sei mächtig und groß."

Das Schauen kann ins Loben und Danken münden,
in die Freude und Zufriedenheit, ins Staunen über Gott und seine Wunder.

Den Blick richten auf Kleines und Großes,
das spannt die Seele aus, macht das Herz weit,
sodass das Mosaik des Lebens neu darin Platz hat.

11. Moment mal

Das Glück
ist ein Mosaik
aus winzig kleinen Freuden.

Daniel Spitzer

Das warme Licht einer flackernden Kerze kann herrlich entspannen. Wenn du dir Zeit nimmst, eine Weile in eine Kerze zu schauen, wirst du merken, wie du zur Ruhe kommst.

Die Kerze kann zum Sinnbild werden für Prozesse, die Gott in deinem Leben in Gang setzen möchte.

Die Wärme der Flamme löst Erstarrungen – nicht nur klamme Hände, sondern auch verkrampfte Herzen. Aus der Kälte von Lieblosigkeiten oder auch aus der Kälte der Gottesferne darfst du in die wärmende Gegenwart der Gottesliebe treten. Ein liebevoller Zuspruch, ein tröstendes Wort, eine schützende Umarmung kann dunkle Stimmungen vertreiben.

Das Licht einer Kerze ist ständig in Bewegung, eine Flamme verändert sich permanent. So ist es auch mit Gott und seiner Liebe: Sein Licht der Liebe beleuchtet das Leben immer wieder von unterschiedlichen Seiten, oft ganz anders als du denkst oder erwartest.

Licht strebt nach oben. Es kann zum Bild für das Leben werden – ausgerichtet sein auf die Dinge, die im Himmel sind. Jesus hat einmal gesagt: „Sammelt euch nicht Schätze auf Erden, wo sie die Motten und der Rost fressen und wo die Diebe einbrechen und stehlen. Sammelt euch aber Schätze im Himmel." Es ist wichtig, dass das Herz an Dingen hängt, die in der Ewigkeit Bestand haben. Damit dies geschieht, braucht es Hingabe. Eine Kerze macht uns das vor. Durch das Brennen und Sichverzehren entsteht Licht.

Jesus ist gekommen, um sich für seine Menschen hinzugeben und zu verzehren. An Ostern hat sich sein Leben verwandelt in den strahlenden Glanz der Ewigkeit. Er hat gesagt: „Wer mir nachfolgt, wird nicht im Dunkeln wandeln." Sein Licht kann dein Leben bescheinen, hell und froh machen. Stärker als jede Kerze – doch jede brennende Kerze kann ein Zeichen dafür sein.

13. Bibelverse auswendig lernen

Kannst du einen oder mehrere Bibelverse auswendig? Wenn ja, dann weißt du, dass solche Verse immer wieder ins Gedächtnis gerufen werden können. Manchmal melden sie sich von selbst, wie Pop-up-Fenster im Computer. In schönen oder schwierigen Situationen sind sie dann einfach da.
Wie beispielsweise der Vers aus Psalm 103,8: *„Barmherzig und gnädig ist der Herr, geduldig und von großer Güte."* Oder in schwierigen Situationen der Vers aus Psalm 23,1: *„Der Herr ist mein Hirte, mir wird nichts mangeln."*

Du kannst dazu beitragen, dass die Sammlung der Bibelverse immer reicher wird und sich wie ein inneres Bilderbuch aufblättern lässt. Je mehr sich Bibeltexte mit persönlichen Erlebnissen verbinden, desto häufiger wird es passieren, dass sich bei bestimmten Ereignissen ein Vers aus der Bibel als Begleitung einstellt.

Auswendig lernen ist leichter, als man denkt. Je öfter du dich darin übst, desto schneller geht es mit der Zeit. Am Anfang solltest du dir nur ganz kurze Verse vornehmen – wie beispielsweise: *„Gott ist die Liebe; und wer in der Liebe bleibt, der bleibt in Gott und Gott in ihm"* (1. Johannes 4,16).

Leicht zu merken ist auch der Vers aus Römer 8,31: *„Ist Gott für uns, wer kann dann wider uns sein?"* Oder der Vers aus Psalm 91,2: *„Wer unter dem Schirm des Höchsten sitzt und unter dem Schatten des Allmächtigen bleibt, der spricht zu dem Herrn: Meine Zuversicht und meine Burg, mein Gott, auf den ich hoffe."*

Am besten geht das Auswendiglernen, indem du dir den Vers aufschreibst. Du kannst denselben Vers auch auf mehrere Zettel schreiben und an verschiedenen Stellen des Hauses oder des Büros positionieren, vielleicht auch im Auto oder auf der Toilette. Beim Vorbeigehen prägt sich der Vers ein. In kürzester Zeit kannst du den Vers auswendig und freust dich darüber, dass nicht nur Verse in dir lebendig sind, sondern mit dem auswendig Gelernten auch Gott zu dir sprechen kann.

Auswendig lernen heißt auf Englisch „to learn by heart" – lernen mit dem Herzen. Das bedeutet: auswendig Gelerntes geht ins Herz, in die Mitte unseres Lebens.
Beim Auswendiglernen von Bibeltexten kommt also Gott mit seinem Wort in die Lebensmitte.

14. Einen Blumenstrauß binden

„Glücklich ist, wer aus den Blumen in Reichweite einen Strauß zu binden vermag."

Meadon

Hast du schon einmal versucht, aus wenigen Blumen in Reichweite einen Strauß zu binden? Da reichen manchmal schon die kleinen blauen Wegwarten am Straßenrand, ein paar Stängel von weißer Schafgarbe, ein paar interessante Gräser dazu und schon ist ein kleines Wunderwerk entstanden.

Oder im Herbst: die Zapfen der Erle, eine rote Weinranke und der Fruchtstand der Vogelbeere, schon kann die Atmosphäre des Herbstes in einem kleinen Gebinde in der Wohnung gegenwärtig werden.

Es braucht keinen teuren Strauß, es muss keine exotische Pflanze sein, die verzaubert. Die Blumen in Reichweite genügen, um deine Augen zu erfreuen.

Im Leben ist es genauso. Viele Menschen suchen ihr Glück nicht in der Reichweite, sondern in der Ferne. Oft auch im Vergleich mit anderen. Sie meinen, wenn sie das Leben anderer leben könnten, dann wären sie glücklicher: mit einem anderen Partner, einer anderen Arbeit, einem anderen Wohnort, einer anderen Figur. Solches Denken ist immer ein Trugschluss.

Sicher hast du selbst schon oft die Erfahrung gemacht, dass es auch in Reichweite Schätze gibt. In jedem Leben gibt es Kostbarkeiten und Besonderheiten. Jedes Leben hat Momente des Staunens.

Binde einen Strauß daraus. Finde das Schöne darin, das Dankenswerte und schon wird im übertragenen Sinn ein Blumenstrauß der Freude daraus.

15. Bilder betrachten

Erinnerst du dich gerne an frühere Zeiten? Der Blick zurück in die eigene Vergangenheit oder in die der Familie kann die unterschiedlichsten Gefühle und Gedanken wachrufen, kann Interessantes zutage fördern, Schönes und Schweres.

Nimm doch mal wieder die alten Fotoalben zur Hand. Ein Album mit Fotos von einer besonderen Urlaubsreise, an die du gerne zurückdenkst, oder mit Fotos aus deiner Kindheit, vielleicht das Album von deiner Hochzeit oder eines mit Bildern aus besonderen Tagen in deiner Familie.

„Habe dein Schicksal lieb, denn es ist der Weg Gottes mit deiner Seele."
Fjodor M. Dostojewski hat das gesagt, und er hat recht.

Blättere in den alten Fotoalben, lasse die Gedanken schweifen. Führe dir vor Augen, was du schon alles erlebt hast und wo Gott dich schon überall durchgetragen hat.

Danke Gott für all die schönen – und auch die schweren Momente in deinem Leben, in denen er dabei war und dich begleitet hat.

16. Moment mal

„Je mehr wir in der Stille des Gebets empfangen,
desto mehr werden wir im alltäglichen Leben geben.
Wir brauchen die Stille, um Herzen anrühren zu können."

Mutter Teresa

„Beten heißt ja nicht einfach das Herz ausschütten,
sondern es heißt, mit einem erfüllten
oder auch leeren Herzen
den Weg zu Gott finden und mit ihm reden.“

Dietrich Bonhoeffer

Gebete können zu ganz besonderen Momenten des Lebens werden.
Erinnerst du dich an dein letztes Gebet?
War es heute Morgen oder vor einigen Minuten oder ist es schon lange her?

Viele Menschen wissen nicht so recht, wie sie beten sollen.
Manche verstehen unter Beten das Abhaken einer Liste, wie die Einkaufsliste im Supermarkt:
Das will ich, das brauche ich noch und das darf ich nicht vergessen.

Wer so das Beten versteht, hat etwas gründlich missverstanden.
Beten ist viel mehr.

Beten ist das Reden des Herzens mit Gott.
Beten ist das Sein vor Gott, Sich-beschenken-Lassen,
Sich–anschauen-Lassen von dem liebenden Blick Gottes.
Beten ist Stillwerden vor ihm, Nichts-tun-Müssen, einfach nur Da-sein-Dürfen.
Alle Gefühle und alle Gedanken dürfen vor Gott ausgebreitet werden.
Auch die schwierigen dürfen sein.
Aber genauso die schönen, die dankbaren, die erfüllenden.
Beten ist somit etwas sehr Ganzheitliches.

Es konzentriert uns. Wörtlich: Es versammelt uns um eine Mitte.
Das darfst du in Anspruch nehmen.
Gott will Mitte, Zentrum, das Wichtigste deines Lebens sein.
Solche Erfahrungen sind besonders kostbare Momente.

18. Pause machen

„Die Kunst des Ausruhens ist ein Teil der Kunst des Arbeitens.“

John Steinbeck

Nach einem Urlaub fühlst du dich fit, voller Leistungskraft und Kreativität. Die Arbeit geht dir leicht von der Hand. Aber schon bald macht sich wieder Müdigkeit breit, die alltäglichen Aufgaben werden zu einem Berg, den du nur mühsam besteigen kannst. Die Ideen gehen dir aus oder du wirst schnell aggressiv.

Das alles sind Zeichen dafür, dass du zu wenig Pause machst. Das Leben ist mehr als Arbeit. Menschen brauchen einen gut aufeinander abgestimmten Wechsel zwischen Anspannung und Entspannung.

Ein Leben ohne Pausen ist wie ein Musikstück ohne Struktur, wie eine Rede ohne Zeit zum Nachdenken. Arbeit ohne Pause macht keinen Spaß, sondern ist ermüdend und damit ineffektiv.

Auch Jesus war es wichtig, dass seine Freunde genug Pausen machten. Er schickte sie immer wieder an stille Orte, an denen sie sich ausruhen konnten. Und auch er selbst zog sich immer wieder zurück.

Du darfst dir Pausen der Ruhe im Tagesablauf erlauben, in denen sich dein Körper und Geist regenerieren. Nur dann bist du langfristig kreativ und belastbar und hast Freude an deiner Arbeit.

Es gibt viele Möglichkeiten Pause zu machen:

- das Fenster öffnen, sich strecken, recken und frische Luft schnappen.
- Du kannst dir auch eine Kraft spendende Pause verschaffen mit körperlicher An- und Entspannung. Drücke zwei Finger kurz gegeneinander und lasse sie wieder los. Wiederhole dies mehrmals. Auch mit größeren Muskelgruppen wie Armen, Beinen, Gesäß, kannst du dir durch Anspannen und Entspannen der Muskulatur eine kurze erholsame Pause verschaffen.
- Suche dir einen bequemen Platz, schließe die Augen, atme tief durch. Nimm dabei einen Schlüsselbund in die Hand. Dieser hilft dir, nicht in einen Tiefschlaf zu fallen. Denn sobald die Muskulatur erschlafft, fällt dir der Schlüsselbund aus der Hand und du bist wieder wach und erstaunlich erholt.

Kurzes Innehalten hilft uns,
wieder mit neuer Kraft und neuen Ideen
ans Werk zu gehen.

Du bist ein kreativer Mensch! Wenn du jetzt denkst:
„Stimmt nicht, ich habe doch zwei linke Hände",
dann denke daran, dass Gott, als er dich schuf,
liebevoll einen Teil von sich selbst in dich hineinlegte.
Und Gott ist unendlich kreativ!

Kreativ sind Menschen ja nicht nur dann, wenn sie
z.B. gut malen oder basteln können. Kreativität ist so
vielfältig wie wir Menschen es sind.

Es gibt so viele verschiedene „kreative Bereiche",
in denen man aufgehen kann. Dabei spielt es keine
Rolle, ob du tatsächlich gut malen oder basteln
kannst. Auch beim Gärtnern, Dekorieren, Kochen,
Backen, Schenken, Einrichten oder Musizieren kann
man unendlich kreativ sein, um nur ein paar Beispiele
zu nennen.

Vielleicht hast du „deinen" kreativen Bereich schon
gefunden? Wunderbar, dann lege doch einfach (mal
wieder) los! Vielleicht schwebt dir aber auch schon
länger etwas vor, an das du dich gerne mal heran-
wagen würdest, bislang fehlte es dir aber an der Zeit
oder am Mut?

Traue dich!
Habe den Mut, etwas Neues auszuprobieren!

Wie wäre es mit einem schönen selbst gemalten Bild
für deine Wohnzimmerwand? Oder möchtest du
lieber ein Kochrezept erfinden? Vielleicht steht dir der
Sinn nach dem Schreiben von Gedichten oder lyri-
schen Texten? Oder denkst du schon länger darüber
nach, mal eine neue Bastelmethode auszuprobieren?

Wenn es dir an Ideen mangelt, lasse dich inspirieren!
Vielleicht findest du in Gottes wunderbarer Natur
den Ort, an dem du die Seele baumeln und die Gedanken fließen lassen kannst.

Oder gehe in ein Museum, in ein Bastelgeschäft oder
in die Bücherei. Blättere in Büchern und Heften,
sprich mit Menschen, achte auf deine Umgebung. Du
wirst sehen: Bald sprudeln die Ideen nur so aus dir
heraus. Du musst sie nur noch umsetzen!

20. Gehen

Kann das Gehen ein besonderer Moment sein? Vielleicht stutzt du bei diesem Gedanken. Doch hast du schon mal bewusst wahrgenommen, was eigentlich beim Gehen passiert?

Wer Schritte macht, ist in ständiger Bewegung. Längst weiß die Neurobiologie, dass alles, was wir mit dem Körper tun, auch in unserem Gehirn etwas bewirkt. Körperbewegung setzt also auch geistige Prozesse in Gang. Beim Gehen berühren die Füße in gleichmäßigen Abständen den Boden und lösen sich wieder von ihm. So werden Spannungen abgebaut, auch gefühlsmäßige Blockaden. Bei Menschen, die eine Erschöpfungsdepression haben, wird das Gehen als Therapie eingesetzt.

Es ist ein Unterschied, ob wir einfach nur gehen oder dies ganz bewusst tun. Versuche einmal auf die Bewegungsabläufe zu achten: die Füße aufsetzen und wieder abrollen. Dadurch entsteht ein Bewusstsein für einen inneren Rhythmus: stehen bleiben, weitergehen. So wie die Füße bewegt sich auch unser Körper – weg von etwas Bisherigem und hin auf etwas Neues.

So ist das Gehen ein Bild für das Leben. Wir sind in Bewegung, lassen Vergangenes hinter uns und gehen auf Zukünftiges zu. Unser Weg ist ein Weg zu Gott, das Leben ein Wandern auf die Ewigkeit zu.

Nimm dir Zeit und gehe einmal ganz bewusst. Vielleicht hast du einen Lieblingsweg? Lass dich auf die Bilder ein, die kommen: Sorgen oder Kränkungen, die dich beschäftigen, Schönes, wofür du danken kannst. Nimm diese mit auf deinen Weg und nimm sie wahr. Vor Gott kann alles offen sein und ihm hingehalten werden.

So wie du einen Schritt nach dem anderen machst, dabei Orte hinter dir lässt, kannst du auch Belastungen hinter dir lassen. Während du gehst, siehst du kleine Wunder der Natur. Im Nach-vorne-Gehen wird das Herz frei, Neues zu empfangen: Trost, Hoffnung, Freude, Dankbarkeit.

In all dem will Gott gegenwärtig sein,
mit dir auf dem Weg,
im Vergangenen, Gegenwärtigen
und Zukünftigen.

21. Moment mal

Denk daran,
wo immer du dich niederlässt:

Er ist schon da,
der dich getragen, geprägt,
geführt und befreit hat.

Er ist schon dort,
der dich in Ungeahntes,
Neues führt.

Er ist schon dort.
Geh mit ihm,
erfahre ihn,
wie du es nie geglaubt.

Er ist schon dort.
Geh – du bist nicht verlassen.
Der Herr zieht mit.

Bernhard von Clairvaux

22. Bibellesen

Bibellesen kann eine echte Auszeit im Alltag werden. Vielleicht gehörst du zu denen, die regelmäßig „Stille Zeit" machen, also in der Bibel lesen, mit Gott reden, sich eventuell Notizen zum Gelesenen machen.

Vielleicht bist du aber eher ein „Bibel-Muffel", der es kaum schafft, in der Bibel zu lesen. Dabei ist das Eintauchen in Gottes Wort etwas sehr Kostbares und Wichtiges für unser ganzes Leben. Wir verstehen dabei immer besser, wer Gott ist, was er uns sagen will, wie und wo er in unserem Leben wirken möchte.

Wenn du zu den „Bibel-Muffeln" gehörst, kann es dir möglicherweise eine Hilfe sein, dir einen Haus- oder Bibelkreis zu suchen, in dem gemeinsam gebetet, gesungen und in der Bibel gelesen wird.

Du wirst bald feststellen, wie das Lesen in der Bibel dein Leben unendlich reich macht und wie dir das Bibellesen mehr und mehr zur liebgewonnenen Auszeit werden kann.

Ist dir schon einmal aufgefallen, wie schnell manche Leute essen können? Vielleicht gehörst auch du zu den „Schnell-Essern". Oft kann es solchen Leuten auch sonst im Leben nicht schnell genug gehen. Dabei ist Warten und Genießenkönnen etwas so Schönes!

Nimm dir doch einmal die Zeit, etwas ganz bewusst zu essen und zu genießen. Vielleicht ein Stück frisches, duftendes Brot. Halte zuerst das Brot in der Hand, schau es dir genau an. Hat das Brot viele kleine Löcher? Hat es Kerne? Rieche an dem Brot, nimm den Geruch auch mit geschlossenen Augen wahr.

Wenn du das erste Stück abbeißt, lass es erst auf deiner Zunge liegen. Wie fühlt das Brot sich an? Achte beim Kauen darauf, das Brot mindestens 20-mal zu kauen, ehe du es herunterschluckst. Wie verändert sich der Geschmack des Brots, wenn man es so oft kaut?

Wer bewusst isst, hat mehr vom Essen. Außerdem ist es gesünder, langsamer zu essen und gründlicher zu kauen. Zum bewussten Essen gehört auch, den Blick auf die Herkunft des Essens zu lenken.

Im Oktober feiern wir alljährlich das Erntedankfest, das Fest, bei dem in einem festlichen Gottesdienst Gott für ein reiches Erntejahr gedankt wird. Jede unserer Mahlzeiten sollte eigentlich ein kleines Erntedankfest sein: ein festlicher Akt, bei dem wir Gott von Herzen dafür danken, dass wir genug zu essen haben und jeden Tag satt werden.

Wenn du das nächste Mal isst, denk daran, wie reich dich Gott damit beschenkt. Vielleicht hilft dir folgendes Tischgebet dabei:

Vater aller Gaben,

alles, was wir haben,

alle Frucht im weiten Land,

ist Geschenk aus deiner Hand.

Hilf, dass nicht der Mund verzehrt,

ohne dass das Herz dich ehrt,

über dem, was du beschert.

Amen.

24. Ein Buch lesen

Wann hast du zuletzt gelesen? Nein, nicht die Tageszeitung oder eine E-Mail. Auch das ist wichtig, keine Frage. Aber wann hattest du zuletzt ein Buch in der Hand, um darin zu lesen?

Lesen kann eine richtig schöne Auszeit im Alltag werden. Wer liest, begibt sich in andere Welten, egal ob es sich dabei um fantastische Länder oder um Gedankenwelten handelt. Die Geschichten anderer Menschen können inspirieren, die Abenteuer oder Sorgen anderer relativieren die Sorgen im eigenen Leben. Durch Lebensgeschichten, Biografien anderer Menschen lenken wir den Blick bewusst vom eigenen Leben weg auf die Lebensgeschichte anderer, um dann wieder zurückzufinden zum eigenen Leben. Dadurch gewinnen wir eine neue Perspektive und werden neu dankbar für das, was Gott für uns tut.

Wer liest, öffnet sich für neues Gedankengut, ist bereit, Neues zu erfahren.

Und in vielen Büchern kann dir Gott begegnen. Dabei spielt es keine Rolle, ob es sich tatsächlich um ein „geistliches" Buch handelt, denn Gott kann aus jedem Buch zu dir sprechen.

Lass dich doch einfach mal (wieder) auf das „Abenteuer Buch" ein! Du wirst schnell merken, dass das eine wunderbare Oase im Alltagstrubel sein kann.

25. Moment mal

„Wir können Orte schaffen,
 von denen der helle Schein der Hoffnung
 in die Dunkelheit der Erde fällt."

Friedrich von Bodelschwingh

26. Schweigen

Gehörst du zu den Menschen, denen manchmal zu viel gesprochen wird?
Sehnst du dich manchmal nach Stille, nach Ruhe?

Dann sind die nachfolgenden Gedanken für dich genau richtig.

Es kann eine ganz kostbare Zeit sein, wenn wir mal für eine Weile schweigen.
Manchen reicht es schon, eine Stunde zu schweigen,
andere schweigen einen ganzen Tag, ein Wochenende lang
oder erleben eine Schweigewoche.

Was passiert während des Schweigens?
Zunächst werden die inneren Stimmen lauter.
Gefühle, die aufwühlen,
nutzlose Gedanken, Oberflächliches.
Es kann auch sein, dass Verletzungen auftauchen, schmerzhafte Erinnerungen, Wut.
Dann aber auch Langeweile, Angst vor der Stille, Angst vor Gott.

Nach einer gewissen Zeit aber wird es in der Seele immer ruhiger,
konzentrierter, wesentlicher.
Gottes Reden wird lauter.
Die Seele lernt, sich Gottes Gegenwart auszusetzen und sich beschenken zu lassen.
Die Sehnsucht, ihn zu hören, von ihm geführt zu werden,
von ihm ergriffen zu sein, wird stärker.

Das Staunen über Gott und die Dankbarkeit nehmen immer mehr Platz ein.
Die Sinne werden geschärft, die Wahrnehmung vertieft sich:
das Hören, Sehen und Riechen wird intensiver.
Menschen werden anders wahrgenommen.

Das macht das Schweigen so kostbar.
Und das Reden danach wesentlicher.

„Gott ist gegenwärtig.
Lasset uns anbeten
und in Ehrfurcht vor ihn treten.
Gott ist in der Mitte.
Alles in uns schweige
und sich innigst vor ihm beuge.
Wer ihn kennt, wer ihn nennt,
schlag die Augen nieder;
kommt, ergebt euch wieder."

Gerhard Tersteegen

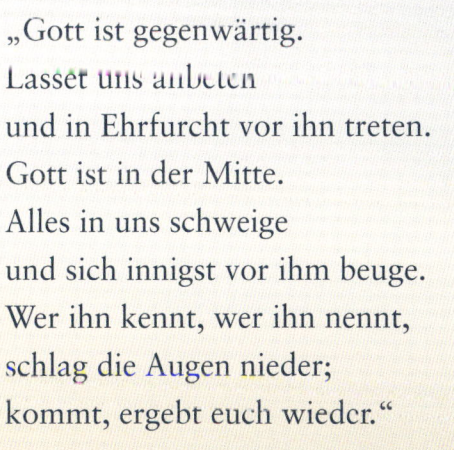

27. Schwimmen

Schwimmen ist gesund. Es fördert die Durchblutung der Gefäße, baut Stress ab, entlastet die Muskeln, kurz: im Wasser fühlen sich die meisten Menschen so munter wie der sprichwörtliche „Fisch im Wasser". Kein Wunder, wenn man bedenkt, dass 90 Prozent unseres Körpers aus Wasser bestehen und dass wir bereits im Mutterleib von Wasser umgeben sind. In keinem anderen Element fühlen sich die meisten Menschen so geborgen wie im Wasser.

Wann warst du zuletzt schwimmen?
Wenn du jetzt erst nachdenken musst, wird es Zeit, mal wieder das kühle Nass zu genießen.

Wenn du im Wasser bist, stelle dir vor, wie Gottes Liebe dich umgibt und trägt, genau wie es das Wasser macht. Lass dich treiben oder schwimme einige Bahnen, ganz wonach dir zumute ist. Spüre, wie das Wasser dich trägt, genieße die Kraft des Wassers und tauche dabei gedanklich immer wieder auch in die tragende Kraft der Liebe Gottes ein.

28. Ein Zimmer neu gestalten

Ein berühmter Prediger hatte über seinem Schreibtisch ein Plakat mit der Aufschrift hängen: „Täglich eine halbe Stunde innerlich und äußerlich aufräumen!" Wie viel Weisheit steckt doch in diesem Satz!

Magst du deine Wohnung? Hast du, haben deine Wünsche und Fähigkeiten, deine Hobbys und Bedürfnisse Raum darin?

Oft verschenken wir Platz in unserer Wohnung oder nutzen Räume anders, als wir es eigentlich bräuchten.

Welcher Raum in deiner Wohnung, deinem Haus, verdient eine „Neuordnung"? Habe den Mut, ein Zimmer umzustellen, den Platz in diesem Raum neu zu verteilen und zu ordnen.

Dazu ist es wichtig, das Zimmer zuerst einmal gründlich aufzuräumen. Nur so bekommst du einen Überblick und einen „klaren Kopf" für den nächsten Schritt: das Umräumen. Nimm dir einen Bereich des Zimmers, vielleicht eine Ecke, vor, die du umstellen möchtest. Räume die Möbelstücke, die dort eventuell stehen, zur Seite und denke über den leeren Bereich nach: was möchtest du daraus machen? Vielleicht fehlt woanders in der Wohnung ja eine „persönliche Ecke", die du ganz für dich gestalten möchtest? Vielleicht hängst du dort ein schönes Bild auf, oder du platzierst ein besonderes Möbelstück in deinen neu gestalteten Bereich.

Schaffe dir dafür das ein oder andere neue Möbel- oder Dekorationsobjekt an und dann genieße den neu entstandenen Lebens-Raum.

Denke dann auch darüber nach, welches deiner „inneren" Zimmer vielleicht eine Neustrukturierung braucht. Jeder Mensch hat die eine oder andere verschlossene Kammer in sich, in die er niemanden hineinschauen lässt. Vielleicht hindert dich Angst daran, die Tür dieses „inneren Zimmers" zu öffnen, oder du weißt genau, was darin ist, willst dich aber damit nicht befassen.

Hab den Mut, die ein oder andere „innere Tür" zu öffnen und dir den Inhalt anzuschauen. Dein Herz wird frei von Ballast, wenn du ihn an Jesus Christus abgibst. Oft ist viel Mut dazu nötig, die verschlossenen „Zimmer" zu öffnen und Gott zu zeigen, was dahinter vielleicht kaputt oder verletzt ist.

Er kann und will dich heilen, will dich gesund machen. Er will dir beim „Ausmisten" und „Saubermachen" helfen. Er weiß auch um deine dunklen Kammern und finsteren Ecken, die dringend aufgeräumt werden müssen. Lass dir von ihm helfen!

29. Den Sonntag feiern

Der Sonntag kann zu einem ganz besonderen Moment, ja vielmehr zu einem ganz besonderen Tag in der Woche werden.

Gott hat sich etwas dabei gedacht, als er sich den Ruhetag ausgedacht hat. Er hat mit dem Sonntag seinen Menschen ein ganz besonderes Geschenk gemacht.

Der Sonntag hat vielerlei Botschaften an uns:

- *Nimm dir Zeit für Gott, für das Hören auf ihn, das Gespräch mit ihm.*

- *Nimm dir Zeit für Gemeinschaft mit anderen Christen. Lobe und lebe mit ihnen, richte dich mit ihnen zusammen aus auf den Schöpfer deines Lebens.*

- *Du musst dich nicht über Arbeit und Leistung definieren. Sie ist begrenzt und darf nie zur Hauptsache deines Lebens werden. Du bist auch wertvoll im Sein, im Pausemachen.*

- *Ein Tag der Ruhe gibt deinem Leben Rhythmus, ein Tag für Gott gibt deinem Leben einen anderen Wert.*

- *Du brauchst Zeit für Gott, damit du wieder ins Gleichgewicht kommst. Der Sonntag ist wie eine Tankstelle, an der du neue Kraft und Nahrung für deine Seele bekommen kannst.*

Der Sonntag ist auch die Feier der Auferstehung von Christus. Somit bedeutet „Sonntag feiern": Wo du mit deiner Kraft und Hoffnung am Boden bist, kann und will Gott dich wieder aufrichten. Er will deinem Leben Zuversicht und Horizont schenken. Das Dunkle, der Tod und das Vergängliche ist bei Gott nie das Letzte.

30. Momentgebet

Vater im Himmel,
ich danke dir für diesen Moment.
Gerade jetzt bist du da und willst mir ganz nahe sein.
Ich danke dir für die vielen guten Momente meines Lebens bis hierher.
So viel Freude hast du mir schon geschenkt.

❦

Danke
für all die guten Begegnungen in meinem Leben,
für Momente des Genießens,
für das Lachen und das Weinen,
für das Glück und die Traurigkeit,
für dein Versprechen, bei mir zu sein.

❦

Danke, dass du mich einzigartig und besonders gestaltet hast.
Danke, dass ich mit allem zu dir kommen darf.

❦

Bitte,
hilf mir, jeden neuen Moment meines Lebens dankbar aus deiner Hand zu nehmen.
Lass mich neugierig sein, wie du mir heute begegnen willst.
Mach mich gewiss darin, dass du jeden Moment meines Lebens gegenwärtig sein willst.

Du willst mich segnen in schweren und guten Momenten.

❦

Amen.